Collection de M. BESSELIÈVRE

(5ᵉ VENTE)

ÉTOFFES

EUROPÉENNES ET ORIENTALES

TISSUS

DE

Philippe de LA SALLE

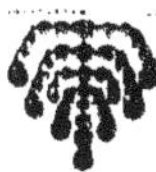

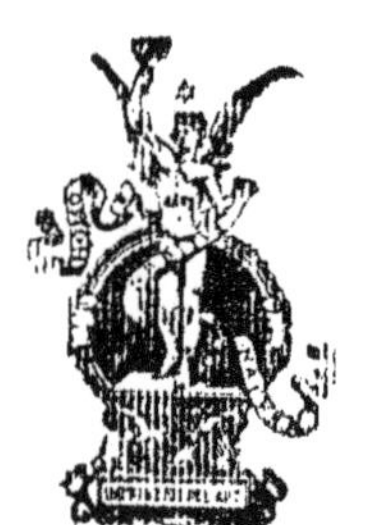

CATALOGUE

DES

ÉTOFFES

EUROPÉENNES ET ORIENTALES

Etoffes Coptes, Persanes, etc.

SOIES ET VELOURS EUROPÉENS

IMPORTANTE SÉRIE D'ÉTOFFES
par PHILIPPE DE LA SALLE

VELOURS GRÉGOIRE

OBJETS DIVERS

Appartenant à M. Besselièvre

ET DONT LA VENTE AURA LIEU A PARIS

HOTEL DROUOT, SALLE N° 6
LES LUNDI 16 ET MARDI 17 DÉCEMBRE 1912
à deux heures

<table>
<tr><td>COMMISSAIRE-PRISEUR</td><td>EXPERTS</td></tr>
<tr><td>M° HENRI BAUDOIN</td><td>MM. MANNHEIM</td></tr>
<tr><td>Successeur de M. PAUL CHEVALLIER</td><td>7, rue Saint-Georges</td></tr>
<tr><td>10, rue de la Grange-Batelière</td><td>PARIS</td></tr>
</table>

EXPOSITIONS

PARTICULIÈRE : *Le Samedi 14 Décembre 1912*. . . . . . ⟩ DE 1 HEURE 1/2
PUBLIQUE : *Le Dimanche 15 Décembre 1912*. . . . . ⟩ A 6 HEURES

CONDITIONS DE LA VENTE

Elle sera faite au comptant.

Les adjudicataires paieront *dix pour cent* en sus des enchères.

ORDRE DES VACATIONS

Le Lundi 16 Décembre 1912

Le Mardi 17 Décembre 1912

Paris. — Imp. de l'Art. CH. BERGER, 41, rue de la Victoire.

DÉSIGNATION

ÉTOFFES COPTES

1 — Cinq fragments d'étoffe copte, à dessin d'animaux, fleurs, etc.

Haut. de l'un, 33 cent.

2 — Fragment d'étoffe copte, présentant un cavalier chassant le lion.

Haut., 12 cent.

3 — Quatre fragments d'étoffe copte, présentant des enfants, des animaux, etc.

Long. de l'un, 25 cent.

1 — Trois fragments d'étoffe copte : animaux, figures humaines, etc.

Haut. de l'un, 30 cent.

5 — Quatre fragments d'étoffe copte, à motifs variés.

Long. de l'un, 35 cent.

6 — Deux fragments d'étoffe copte, ornés de motifs irréguliers.

Long. de l'un, 30 cent.

7 — Trois fragments d'étoffe copte, à fleurs, animaux, etc.

Haut. de l'un, 32 cent.

8 — Broderie de soie copte, à fleurs, de forme
ronde.

Diam., 23 cent.

9 — Deux fragments d'étoffe copte, à palmettes
et entrelacs.

Haut. de l'un, 34 cent.

10 — Deux fragments d'étoffe copte : personnages
et animaux.

Haut. de l'un, 12 cent.

11 — Fragment d'étoffe copte, présentant un per-
sonnage sur un animal chimérique.

Haut., 17 cent.

12 — Deux fragments d'étoffe copte : l'un rond,
l'autre carré, à dessin d'animaux et motifs
irréguliers.

Haut. de l'un, 19 cent.

13 — Fragment d'étoffe copte, présentant un chas-
seur de faucon.

Haut., 15 cent.

14 — Trois fragments d'étoffe copte, présentant l'un
un pêcheur, l'autre un guerrier, le troisième de
petits motifs irréguliers.

Haut. de l'un, 10 cent.

15 — Fragment d'étoffe copte, de forme contournée, à personnages et fleurs sur fond rouge.

Larg., 58 cent.

16 — Fragment d'étoffe copte, simulant une tête humaine.

Haut., 25 cent.

17 — Fragment d'étoffe copte, présentant deux cavaliers à la chasse.

Haut., 20 cent.

18 — Fragment d'étoffe copte, présentant un vase de fleurs.

Haut., 40 cent.

19 — Fragment d'étoffe copte, présentant des bandes d'ornements juxtaposées.

Haut., 45 cent.

20 — Fragment d'étoffe copte, présentant une tête humaine.

Haut., 35 cent.

21 — Fragment d'étoffe copte, de forme ronde, présentant des fleurs.

Diam.. 30 cent.

ÉTOFFES ORIENTALES

22 — Petit carré en velours, à dessin de branches
fleuries sur fond vert. Travail persan du
xve siècle.

Haut., 44 cent.; larg., 37 cent.

23 — Petit carré en soie brochée, présentant une
multitude d'animaux. Travail persan du
xviie siècle.

Haut. et larg., 30 cent.

24 — Petite bande en brocart à fleurs, sur fond
bleu. Ancien travail persan.

Haut., 55 cent.; larg., 14 cent.

25 — Fragment de satin rouge broché, à dessin de
tulipes et autres fleurs. Ancien travail persan.

Haut., 55 cent.

26 — Petit carré en satin rouge broché, à dessin de
branches fleuries lamées d'argent doré. Ancien
travail persan.

Haut., 33 cent.; larg. 30 cent.

27 — Petit panneau en satin rouge broché, à dessin de tulipes et de feuillages polychromes.
Ancien travail persan.

Haut., 82 cent.; larg., 50 cent

28 — Fragment de satin broché et lamé d'argent doré, à dessin de fleurs et feuilles polychromes sur fond bleu pâle. Ancien travail persan.

Haut., 66 cent.; larg., 34 cent.

29 — Fragment de brocart, à motifs irréguliers composés d'étoiles contenant des fleurs. Ancien travail persan.

Larg., 62 cent.

30 — Carré en satin bleu broché et lamé d'argent doré, à dessin de tulipes. Ancien travail persan.

Haut. et larg., 50 cent.

31 — Carré en satin rouge broché, à dessin de tulipes et motifs irréguliers. Ancien travail persan.

Haut. et larg., 48 cent.

32 — Petit fragment de velours ciselé, à dessin de tulipes et feuillages. Ancien travail persan.

Haut., 35 cent.; larg., 22 cent.

33 — Petit fragment de velours ciselé, à rosaces, en rouge, bleu et argent. sur fond crème. Ancien travail persan.

Haut., 40 cent.; larg., 20 cent.

34 — Deux petites bandes en brocart, à comparti-ments de fleurs. Ancien travail persan.

Long. de l'une, 70 cent.

35 — Petit tapis en broderie persane, à dessin de personnages, animaux et motifs géométriques.

Haut., 1 mètre; larg., 85 cent.

2

36 — Fragment de satin rouge broché, à tulipes et palmettes, en jaune, bleu et vert. Ancien travail de Brousse.

Long., 65 cent.

37 — Deux bandes en satin bleu broché et lamé d'argent, à dessin de palmettes et fleurettes. Ancien travail de Brousse.

Haut., 1 m. 20 cent.

38 — Carré en brocart, présentant des médaillons composés de feuilles concentriques. Ancien travail de Brousse. Reproduit dans « la Collection Besselièvre, par Cornu. »

Haut., 75 cent.; larg., 54 cent.

39 — Panneau en brocart, présentant de larges palmes chargées de fleurs sur fond rouge. Ancien travail de Brousse.

Haut., 78 cent.; larg., 65 cent.

40 — Carré en satin rose broché et lamé de métal, à dessin de nombreux médaillons reliés par des fleurs et des feuilles polychromes. Ancien travail de Brousse.

Haut., 65 cent.; larg., 60 cent.

41 — Carré de satin rose, broché et lamé de métal, à dessin de larges feuilles dans des compartiments de forme contournée. Ancien travail de Brousse.

Haut., 70 cent.; larg., 64 cent.

42 — Fragment de brocart, à fleurs et rinceaux sur fond rouge. Ancien travail de Brousse.

Haut., 67 cent.

43 — Panneau en velours rouge ciselé et lamé d'argent et d'argent doré, à dessin de palmettes. Ancien travail de Scutari.

Haut., 1 m. 50 cent.; larg., 58 cent.

44 — Panneau en ancien velours de Scutari, à fleurs et palmettes en rouge, blanc et jaune, lamé d'argent.

Haut., 1 m. 20 cent.; larg., 60 cent.

45 — Panneau en ancien velours de Scutari, à dessin de grandes palmettes lamées d'argent, se détachant sur fond rouge.

Haut., 1 m. 50 cent.; larg., 60 cent.

46 — Petit tapis en brocart, à dessin régulier. Travail oriental du xve siècle.

Haut., 1 m. 20 cent.; larg., 65 cent.

47 — Panneau en velours, dit jardinière, ciselé et lamé d'argent, à dessin de branches fleuries. Ancien travail oriental.

Haut., 1 m. 70 cent.; larg., 65 cent.

48 — Fragment de couverture de tombeau, en satin bleu broché blanc, à inscriptions orientales. Travail oriental du xviiie siècle.

Haut., 74 cent.; larg., 65 cent.

ÉTOFFES VARIÉES

49 — Panneau de tenture de mosquée, présentant
une large réserve en forme d'arcade à laquelle
est suspendue une lampe placée au-dessus
d'une inscription et d'une rosace. Bordure de
chaque côté composée de rosaces sur fond
rouge. Ancien travail hispano-mauresque.

Haut., 1 m. 60 cent.; larg., 64 cent.

50 — Chasuble, en deux parties, en velours rouge
bouclé d'argent doré, à dessin de grands ramages de fleurs et de motifs irréguliers. Travail
espagnol du xve siécle.

Haut., 1 m. 10 cent.

51 — Panneau en velours rouge lamé d'argent doré,
à dessin de larges feuilles et fleurs dans des
compartiments contournés. Travail vénitien du
xve siècle. Reproduit dans « la collection Besselièvre, par Cornu. »

Haut., 1 m. 40 cent.; larg., 1 m. 20 cent.

52 — Chasuble en velours rouge ciselé, présentant
un orfroi en broderie de soie de couleur et d'argent doré à sujet de saints personnages debout,
sous des arcades gothiques. Venise, xve siècle.

Haut., 1 m. 19 cent.

53 — Grand montant en velours rouge ciselé et bouclé d'argent doré à grands ramages. Venise, xve siècle.

Haut., 3 m. 30 cent.; larg., 55 cent.

54 — Chasuble, en deux parties, en velours bleu ciselé, avec orfrois de satin bleu broché à rinceaux polychromes. Le velours est du xve siècle, les orfrois du xviie.

Haut., 1 m. 10 cent.

55 — Devant de chasuble, en deux morceaux, en velours rouge frappé, à dessin de fruits. xve siècle.

Haut., 1 mètre.

56 — Petit panneau en velours, à dessin de branches fleuries sur fond jaune. xve siècle.

Haut., 1 m. 05 cent.; larg., 55 cent.

57 — Bande d'orfroi, en brocatelle, présentant la Vierge portant l'enfant Jésus, placée entre deux écussons contenant des attributs de la Passion. A la partie inférieure, le nom Jhésus. Travail de Cologne, xve siècle.

Haut., 79 cent.; larg., 13 cent.

58 — Fragment de tapisserie du xve siècle, présentant une multitude de fleurs.

Haut., 50 cent.; larg., 42 cent.

59 — Chasuble en brocatelle vieux rose, à ramages blancs composés d'aigles, de fleurs et de vases. xvie siècle.

Haut., 1 m. 15 cent.; larg., 75 cent.

60 — Deux fragments de chasuble en velours
d'Utrecht orangé, aux armes de Henri II et de
Diane de Poitiers entourées de rinceaux.
xvie siècle.

Haut., 1 m. 10 cent..

61 — Chasuble, en deux parties, en damas rose
avec orfrois de soie brodée et d'argent doré, à
sujet de saints personnages, debout sous des
arcades. Les orfrois de travail italien du
xvie siècle; le damas du xviiie siècle.

Haut., 1 m. 25 cent.

62 — Deux rideaux en coton brodé de laine bleue
et verte, à dessin de branchages feuillagés et
fleuris. Travail anglais du xviie siècle, dans le
style Jacobean.

Haut. de chacun, 2 m. 40 cent.; larg., 1 m. 27 cent.

63 — Grande ceinture polonaise en brocart à fleurs,
xviiie siècle, avec inscriptions en russe dans les
angles.

Long., 3 m. 70 cent.

64 — Lot de fragments de ceintures polonaises en
brocart à petits ramages. xviiie siècle.

Larg., 35 cent.

65 — Chasuble en brocart d'argent doré, présentant
des lions adossés ainsi que de nombreux attributs religieux sur fond blanc damassé. xviii^e
siècle.

Haut., 1 m. 19 cent.

66 — Carré de soie violette, avec applications de guipure de Venise du xvii siècle, à rinceaux, fleurs, papillons et oiseaux.

Haut., 52 cent.; larg , 65 cent.

67 — Manteau de Vierge en satin gris bleuté, avec applications de soutache, du xviie siècle.

Haut., 68 cent.

68 — Carré en satin gris broché, à fleurs et attributs guerriers, lamé d'argent. xviie siècle.

Haut., 47 cent.; larg., 54 cent.

69 — Panneau en brocart, à dessin de fleurs sur fond vert, lamé d'argent. Époque Louis XIII.

Haut., 86 cent.; larg., 95 cent.

70 — Petit panneau en satin orangé broché, à grands ramages. Époque Louis XIII.

Haut., 95 cent ; larg. 53 cent.

71 — Grand panneau en lampas rouge, à grands ramages jaunes et gris composés de guirlandes de fleurs et compartiments contournés. Époque Louis XIV.

Haut., 2 m. 10 cent.; larg., 70 cent.

72 — Panneau en satin broché, à grosses fleurs polychromes sur fond marron. Époque Louis XIV.

Haut., 1 m 15 cent.; larg., 50 cent.

73 — Petit panneau en satin crème broché à dessin
de coupes et motifs d'architecture sur fond
simulant les rayons du soleil ; entourage de
fleurs. Époque Louis XIV.

Haut., 72 cent.; larg., 54 cent.

74 — Petit panneau de velours, dit jardinière, à
grands ramages de fleurs polychromes sur fond
crème. Époque Louis XIV.

Haut., 80 cent.; larg., 53 cent.

75 — Lot de fragments, provenant d'une chasuble,
avec voile de calice, en velours ciselé à grosses
fleurs en rouge et gris, sur fond blanc lamé
d'argent doré. Époque Louis XIV.

Haut. du voile de calice, 51 cent.

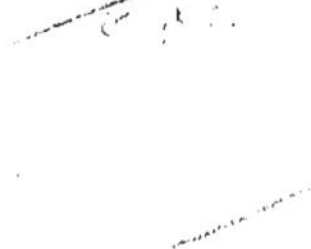

76 — Panneau en velours, à grands ramages
rouges sur fond blanc lamé d'argent. Époque
Louis XIV.

Haut., 1 m. 80 cent.; larg., 53 cent.

77 — Chasuble défaite en velours à ramages
rouges, sur fond blanc lamé d'argent doré.
Époque Louis XIV.

78 — Petit panneau en velours, dit jardinière, à
grosses fleurs sur fond violacé. Époque
Louis XIV.

Haut., 90 cent ; larg., 59 cent.

79 — Échantillon de tenture, en velours, dit jardinière, à grosses fleurs sur fond crème. Époque
Louis XIV.

Haut., 95 cent.; larg., 53 cent.

80 — Panneau de velours ciselé, à grands ramages
rouges et verts sur fond crème. Époque
Louis XIV.

Haut., 1 m. 50 cent.; larg., 55 cent.

81 — Panneau en velours. dit jardinière, ciselé, à
grosses fleurs et feuilles sur fond crème. Époque
Louis XIV.

Haut., 1 m. 25 cent.; larg., 0 m. 54 cent.

82 — Panneau, en deux parties, en brocart, à dessin de fleurs sur fond lamé d'argent et d'argent
doré. Époque Régence.

Haut., 1 m. 25 cent.; larg., 54 cent.

83 — Petit carré en soie brochée, à dessin de grosses fleurs et pièces d'eau avec cygnes et chiens
sur fond chenillé vert. Époque Régence.

Haut., 45 cent.; larg., 37 cent.

84 — Petit panneau en soie chenillée et brochée, à
dessin de branches fleuries et rubans. Époque
Régence.

Haut., 65 cent.; larg., 52 cent.

85 — Jupe défaite en soie crème damassée et brodée. à fleurs, rocailles, personnages et animaux.
Époque Régence.

Haut., 2 m. 94 cent.; larg., 1 mètre.

86 — Panneau en velours ciselé, à grosses fleurs
rouges enrubannées. Époque Régence.

Haut., 2 mètres; larg., 61 cent.

87 — Chasuble, étole, manipule et corporal en brocart d'argent, à dessin de fruits, fleurs et queues de paons. Époque Régence.

> Hauteur de la chasuble, 1 m. 10 cent.

88 — Tapis de selle, en trois parties, en velours orangé brodé d'argent, à gros relief. Époque Louis XV.

> Larg., 1 mètre.

89 — Tapis de selle, en trois parties, en velours rouge, avec broderie d'argent à gros relief; dessin de coquilles et fruits. Époque Louis XV.

> Larg., 1 mètre.

90 — Tapis de selle, en trois parties, en velours rouge brodé d'argent à gros relief, dessin de fleurs et rocailles. Époque Louis XV.

> Larg., 1 mètre.

91 — Garniture de selle, en quatre parties, en velours vert brodé d'argent doré à gros relief. Époque Louis XV.

> Larg., 90 cent.

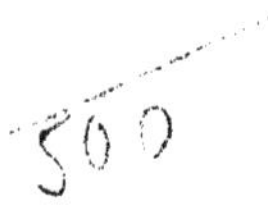

92 — Garniture de selle, de trois pièces, en velours bleu brodé d'argent à gros relief, dessin de fleurs. Époque Louis XV.

> Larg., 1 m. 5 cent.

93 — Fragment de tapis de selle en velours brodé d'argent à gros relief. Époque Louis XV.

> Larg., 1 mètre.

94 — Fragment en soie crème brochée, présentant deux personnages chinois en camaïeu rose, sous un dais en camaïeu bleu ; entourage de fleurs polychromes. Époque Louis XV. Reproduit dans « la collection Besselièvre, par Cornu. »

Haut., 36 cent. ; larg., 50 cent.

95 — Carré de brocart, à dessin de fleurs et rubans sur fond vert armuré. Époque Louis XV.

Haut. et larg., 53 cent.

96 — Carré de brocart, à dessin de fleurs et rubans ondulés sur fond lamé d'argent. Époque Louis XV.

Haut., 55 cent. ; larg., 52 cent.

97 — Carré de brocart, à dessin de fleurs et rubans ondulés sur fond violacé. Époque Louis XV.

Haut. et larg., 52 cent.

98 — Carré de brocart, à dessin de branches fleuries et de palmes sur fond crème armuré. Époque Louis XV.

Haut. et larg., 55 cent.

99 — Devant de robe en soie vieux rose, brochée à fleurs, rubans, etc. Époque Louis XV.

Haut., 1 mètre.

100 — Panneau en satin bleu armuré et broché, à dessin de navires, pièces d'eau, rayons du soleil, attributs de l'amour, draperies, etc. Époque Louis XV.

Haut., 1 m. 25 cent.; larg., 51 cent.

101 — Panneau en satin vieux rose armuré, chenillé et broché, à dessin de bouquets de fleurs, navires, rubans, etc. Époque Louis XV.

Haut., 94 cent.; larg., 52 cent.

102 — Panneau en satin orangé broché, à dessin de fleurs et d'arbustes entremêlés de brebis et d'oiseaux. Époque Louis XV.

Haut., 90 cent.; larg., 50 cent.

103 — Chasuble en brocart, à dessin de branches fleuries sur fond lamé d'argent et d'argent doré; à la partie inférieure, les armes d'un archevêque. Époque Louis XV.

Haut., 1 m. 65 cent.

104 — Manteau de Vierge en velours, dit miniature, à dessin de fleurettes polychromes dans des compartiments à fond blanc lamé d'argent doré. Époque Louis XV.

Haut., 40 cent.

105 — Petit panneau en brocart, à branches fleuries sur fond crème. Époque Louis XV.

Haut., 95 cent.; larg., 54 cent.

106 — Petit panneau en soie chenillée et brochée à fleurs sur fond violacé, armuré. Époque Louis XV.

Haut., 90 cent.; larg., 52 cent.

107 — Petit panneau en soie violette, brochée à bouquets de fleurs. Époque Louis XV.

Haut., 68 cent.; larg., 50 cent.

108 — Carré en soie bleu, armurée, chenillée et brochée à fleurs et plumes. Époque Louis XV.

Haut., 55 cent.; larg., 52 cent.

109 — Petit panneau en brocart à fond crème et dessin de branches fleuries. Époque Louis XV.

Haut., 86 cent.; larg., 52 cent.

110 — Échantillon de soie jaune, armurée, chenillée violet, à grand paysage avec personnages. Époque Louis XV.

Haut., 1 mètre ; larg., 50 cent.

111 — Échantillon de soie crème, armurée et brochée, à bouquets de fleurs, rubans et plumes. Époque Louis XV.

Haut., 1 mètre ; larg., 52 cent.

112 — Fragment de satin crème, broché et chenillé, à fleurs et rubans ondulés. Époque Louis XV.

Larg., 70 cent.

113 — Petit panneau en brocart d'argent, à fleurs et motifs irréguliers sur fond vieux rose. Époque Louis XV.

Haut., 81 cent.; larg., 51 cent.

114 — Carré en soie bleue, armurée, brochée et chenillée, à bouquets de fleurs et rubans. Époque Louis XV.

Haut. et larg., 51 cent.

115 — Petit panneau en brocart d'argent doré, à dessin de branches fleuries et papillons sur fond crème. Époque Louis XV.

Haut., 98 cent.; larg., 54 cent.

116 — Petit panneau en soie brochée, à bouquets de fleurs sur fond jaune. Époque Louis XV.

Haut., 95 cent. ; larg., 52 cent.

117 — Petit panneau en brocart d'argent doré, présentant sur fond crème des arbustes et des ruines. Époque Louis XV.

Haut., 75 cent. ; larg., 53 cent.

118 — Carré en brocart, à dessin de plumes, fleurs et rubans, sur fond violet armuré. Époque Louis XV.

Haut. et larg., 50 cent.

119 — Médaillon rond en soie peinte, présentant en grisaille une scène familiale entourée de fleurs et de rubans. Époque Louis XVI.

Diam., 26 cent.

120 — Petit tableau en soie crème peinte, présentant deux médaillons juxtaposés contenant les portraits de Louis XVI et de Marie-Antoinette et entourés de guirlandes de fleurs enrubannées. Époque Louis XVI. Reproduit dans « la Collection Besselièvre, par Cornu ». Encadré.

Haut., 31 cent. : larg., 37 cent.

121 — Bas de robe en satin crème brodé, à dessin de petits personnages et quadrillages, avec fleurs et rinceaux sur le reste de la pièce. Époque Louis XVI. Reproduit dans « la Collection Besselièvre, par Cornu. »

Haut., 42 cent. : larg. 1 m. 25 cent.

122 — Petit panneau, en satin crème peint, présentant un médaillon contenant en grisaille un sujet allégorique à l'amour et entouré de fleurs. Époque Louis XVI. Encadré.

Haut., 28 cent.; larg., 34 cent.

123 — Panneau en lampas vert, à ramages blancs composés d'une corbeille de fruits, de draperies, d'animaux, etc. Époque Louis XVI.

Haut., 1 m. 30 cent.; larg., 53 cent.

124 — Partie de chasuble en brocart d'argent, chenillé, à petits ramages bleus. Époque Louis XVI.

Haut., 88 cent.

125 — Petit panneau en velours, dit miniature, orné de bandes juxtaposées à petites fleurs. Époque Louis XVI.

Haut., 93 cent. ; larg., 53 cent.

126 — Partie de chasuble, en velours, dit miniature, à dessin composé de bandes juxtaposées à fleurs et menues brindilles. Époque Louis XVI.

Haut., 1 mètre.

127 — Petit tapis en velours, dit miniature, à dessin formé de bandes superposées de petits personnages, animaux et arbustes en couleurs sur fond crème lamé d'argent. Époque Louis XVI.

Haut., 50 cent.; larg., 88 cent.

128 — Long montant de soie brochée, à grosses fleurs. Époque Louis XVI.

Haut., 2 m. 20 ; larg., 51 cent.

129 — Carré en soie crème brodée au point de chaînette, présentant une figure de femme assise sous un parasol, dans un paysage. Entourage de fleurs et d'arbustes. Époque Louis XVI.

Haut. et larg., 54 cent.

130 — Tapis de table, de forme oblongue, en soie crème brodée au point de chainette et avec applications, présentant un dessin de menus rinceaux, de fleurs et de rubans, enrichi de paillettes et de verroterie. Travail anglais. Style Adam. Fin du XVIIIe siècle.

Haut., 1 m. 70 cent.; larg., 55 cent.

131 — Petit tapis en lampas à fond rouge; le dessin se compose d'un médaillon contenant deux oiseaux et entouré d'une couronne de fleurs; aux angles, des corbeilles de fleurs. Époque Directoire. A figuré à l'Exposition Centennale de 1900.

Long., 1 m. 16 cent.; larg., 58 cent.

132 — Petit tapis en lampas, à fond bleu et dessin de médaillons et fleurettes avec bordure blanche à feuillages et médaillons. Époque Directoire.

Haut., 1 m. 20 cent.; larg., 57 cent.

133 — Grand échantillon de lampas bleu pâle, à ramages blancs, composés de vases, d'amours, de figures de génies, d'animaux chimériques, etc. Époque Directoire.

Haut., 2 m. 10 cent.; larg., 77 cent.

134 — Echantillon de tenture en lampas, à fond jaune et ramages blancs, composés de motifs d'architecture, volutes, figures, vases de fleurs, cariatides, etc. Époque Directoire.

Haut., 1 m. 80 cent.; larg., 50 cent.

135 — Deux grands lés de lampas, à fond vert, à ramages jaunes, composés de vases, animaux, autels, motifs d'architecture, etc. Époque Directoire. (Seront divisés.)

Haut. de l'un, 3 mètres; larg., 52 cent.

136 — Echantillon de tenture en lampas rouge, à ramages blancs et verts, composés d'amours, de volutes, de vases, d'arbustes, etc. Époque Directoire.

Haut., 2 m. 60 cent.; larg., 53 cent.

137 — Panneau en lampas, à fond bleu pâle et ramages blancs, composés d'un médaillon contenant une fontaine surmontée d'oiseaux, avec fleurettes et insectes semés dans le fond; bordure présentant une baguette enguirlandée sur laquelle sont perchés des oiseaux également. Époque Directoire.

Haut., 1 m. 40 cent.; larg., 1 mètre.

138 — Petit tapis en velours, dit jardinière, présentant un large motif de fleurs sur fond bleu ciselé, avec fleurs aux angles. Travail italien pour l'Orient, du commencement du XIXe siècle.

Haut., 1 m. 05 cent.; larg., 45 cent.

4

139 — Carré en velours imprimé, présentant une figure allégorique dans un paysage, disposé dans un médaillon fleuri. Commencement du XIX⁰ siècle.

Haut., 54 cent ; larg., 42 cent.

110 — Fragment de bordure de tenture en velours ciselé, dit jardinière, présentant deux génies portant une guirlande de fleurs surmontée d'un papillon, fond crème. Époque Empire.

Haut., 36 cent.; larg., 53 cent.

111 — Echantillon de tenture en lampas, à ramages jaunes et blancs, sur fond vert, composés de rosaces, de branches de laurier, de phénix et de rinceaux. La tenture fut exécutée pour le palais de Joachim Murat. Époque Empire.

Haut., 2 m. 10 cent. ; larg., 74 cent.

112 — Siège en lampas, à fond rouge, présentant trois motifs variés composés de feuillages. Époque Empire.

Haut., 92 cent. ; larg., 53 cent.

113 — Siège en lampas, à fond rouge, présentant une rosace et un casque à l'antique entourés de feuillages et palmettes brochés jaune. Époque Empire.

Haut., 95 cent. ; larg., 55 cent.

114 — Siège en lampas, à ramages blancs sur fond jaune : coupe et vase entourés de rinceaux. Époque Empire.

Haut., 1 mètre ; larg., 54 cent.

145 — Siège en lampas, à ramages jaunes et gris
sur fond rouge, présentant trois motifs de feuilles et de fleurs. Époque Empire.

Haut., 1 m. 20 cent. ; larg., 54 cent.

146 — Siège en lampas, à ramages jaunes sur fond
bleu, présentant deux motifs composés de rinceaux fleuris. Époque Empire.

Haut., 1 m. 15 cent.; larg., 54 cent.

147 — Siège en lampas, à ramages polychromes sur
fond vert, présentant deux motifs de fleurs et
palmettes. Époque Empire.

Haut., 1 m. 10 cent. ; larg., 54 cent.

148 — Pièce pour siège en soie verte, armurée et
brochée, présentant deux motifs en jaune entourés chacun d'une couronne de laurier. Époque
Empire.

Haut., 1 m. 10 cent. ; larg., 54 cent.

149 — Pièce pour siège en satin rouge damassé et
broché à palmettes et couronnes en jaune. Époque Empire.

Haut., 1 m. 20 cent. ; larg., 54 cent.

150 — Grand échantillon de tenture en lampas à
fond rouge : le dessin se compose de palmettes,
de bouquets de fleurs, et de couronnes polychromes. Époque Empire.

Haut., 2 m. 10 cent. ; larg., 53 cent.

151 — Carré de velours imprimé, présentant une
lyre entourée de feuillages. Époque Empire.

Haut., 54 cent. ; larg., 45 cent.

152 — Echantillon de tenture en lampas à fond
rouge ; le dessin, en jaune lamé d'argent doré,
se compose d'une rosace, de feuillages, d'une
lyre, etc. Époque Empire. A figuré à l'Exposition Centennale de 1900.

Haut., 1 m. 55 cent.; larg., 54 cent.

153 — Echantillon de tenture en lampas à fond vert,
à dessin de fleurs et palmettes disposées en
couronnes, avec motifs rayonnants ; coupes et
papillons au centre. Époque Empire. La tenture ornait la salle des Ecuyers du Roi de Rome,
aux Tuileries.

Haut., 1 m. 57 cent.; larg., 54 cent.

154 — Echantillon de tenture, en deux parties, en
lampas à fond bleu, présentant en jaune des
attributs guerriers, des branches de laurier et
l'initiale N de Napoléon Ier. La tenture fut exécutée par Grandjean, pour le palais de Meudon.
A figuré à l'Exposition Centennale de 1900.

Haut., 1 m. 22 cent.; larg., 54 cent.

155 — Petit tapis en satin gros bleu, broché, présentant au centre une sphère céleste entourée
d'une couronne de fleurs ; bordure fleurie également. Époque Empire. A figuré à l'Exposition
Centennale de 1900.

Haut., 1 m. 18 cent.; larg., 61 cent.

156 — Echantillon de tenture en lampas, à fond gros
bleu. Dessin composé de branches fleuries, d'en-
roulements, de fleurs de lis, etc. Époque Restauration.

Haut., 1 m. 60 cent.; larg., 73 cent.

157 — Pièce pour siège en soie bleue, armurée et brochée, présentant deux bouquets de fleurs entourés d'une couronne. Époque Restauration.

Haut., 1 m. 32 cent.; larg., 59 cent.

158 — Pièce pour siège en soie bleue, armurée et brochée, présentant deux branches fleuries au milieu d'une couronne. Époque Restauration.

Haut., 1 m. 20 cent.; larg., 54 cent.

159 — Echantillon de tenture en satin rose lamé d'argent doré, présentant un compartiment contenant des guirlandes polychromes sur fond lamé d'argent et placé sous une lyre accostée de deux oiseaux. Le reste de la décoration consiste en rosaces, branches fleuries, guirlandes, etc. La tenture fut exécutée par Chenard, sous la Restauration, pour le château de Saint-Cloud.

Haut., 2 mètres; larg., 74 cent.

160 — Fragment de la tenture de la Chapelle des Invalides, pour le retour des cendres de Napoléon Ier en 1840. Ce fragment est orné de l'aigle impériale, sur fond de satin rose traîné de vert.

Haut., 54 cent.; larg., 42 cent.

ÉTOFFES

PHILIPPE DE LA SALLE et son école

161 — Deux tableaux en satin broché ; médaillons contenant en grisaille les portraits de Marie-Jeanne-Louise de Savoie (Madame), mariée à Versailles le 14 Mai 1771, et de Louis Stanislas Xavier, comte de Provence (Monsieur, frère de Louis XVI). Encadrements à fleurs et rubans sur fond jaune. Par Philippe de LA SALLE. Signés tous deux : *Lasalle fecit*.

Ces portraits furent offerts au Comte de Provence, lors d'une visite faite à Lyon. Reproduits dans « la Collection Besselièvre, par Paul Cornu ».

Haut., 1 mètre ; larg., 74 cent.

162 — Échantillon de tenture en satin crème broché, présentant l'aigle russe sur un char de triomphe placé au-dessus de guirlandes de fleurs, de draperies et de cordelières à glands. Par Philippe de LA SALLE. La tenture complète fut exécutée pour le Kremlin, sur la commande de Catherine II.

Haut., 1 m. 05 cent.; larg., 70 cent.

163 — Échantillon de tenture, exécuté par Philippe de LA SALLE, en soie crème, brochée et chenillée, présentant un arbuste fleuri et orné de draperies à cordelières.

Haut., 85 cent.; larg., 69 cent.

164 — Échantillon de tenture, en deux parties, en soie crème brochée, à gros bouquets de fleurs, rubans, thyrses, feuillages, papillons, etc. Exécuté par Philippe de La Salle.

Haut., 1 m. 52 cent.; larg., 73 cent.

165 — Dossier de chaise, de forme ovale, en soie crème brochée à bouquets de fleurs, avec entourage de guirlandes de fleurs. Exécuté par Philippe de La Salle,

Grand diam., 50 cent.; petit diam., 38 cent.

166 — Petit panneau en soie crème armurée et brochée, à corbeilles de fleurs entremêlées de ruban bleu. Exécuté par Philippe de La Salle.

Haut., 65 cent.; larg., 52 cent.

167 — Petit panneau en satin crème brodé au point de chainette, présentant une grande corbeille de fleurs. Exécuté par Philippe de La Salle pour Marie-Antoinette.

Haut., 35 cent.; larg., 55 cent.

168 — Montant, en deux parties, en soie brochée à médaillons contenant des bouquets et corbeilles de fleurs et se détachant sur fond bleu pâle. Exécuté par Philippe de La Salle.

Haut., 75 cent.; larg., 24 cent.

169 — Montant en soie crème brodée au point de chainette et chenillée, à dessin de branches fleuries, bleuets, etc., avec rubans. Exécuté par Philippe de La Salle. Reproduit dans « la Collection Besselièvre, par Cornu ».

Haut., 2 mètres ; larg., 40 cent.

170 -- Fragment de montant en soie crème brochée, à fleurs et grosses feuilles d'acanthe. Exécuté par Philippe de La Salle.

Haut., 48 cent.; larg., 30 cent.

171 — Fragment de la bordure de la tenture, dite à l'écharpe, en soie crème brochée et chenillée, présentant des branches fleuries entremêlées de draperies. Exécuté par Philippe de La Salle.

Haut., 60 cent.; larg., 26 cent.

172 — Deux fragments de bordure d'une tenture exécutée pour Marie-Antoinette en soie crème brochée, à guirlandes de fleurs, par Philippe de La Salle.

Haut. totale, 1 m. 45 cent.; larg., 28 cent.

173 — Partie de chasuble en soie crème brochée, à grosses fleurs et épis de blé, avec nids d'oiseaux, lamée d'argent et d'argent doré. Exécutée par Philippe de La Salle, la partie brodée étant postérieure.

Haut., 1 m. 05 cent.; larg., 68 cent.

174 — Fragment de bordure en satin crème, à grands ramages de fleurs et de feuilles lilas et roses. Exécuté par Philippe de La Salle.

Haut., 95 cent.; larg., 33 cent.

175 — Deux grands montants en soie crème brochée, à fleurs entremêlées d'un ruban bleu. Exécutés par Philippe de La Salle.

Haut. de chacun des montants, 1 m. 75 cent.

Larg., 31 cent.

176 — Panneau de la tenture, dite à l'écharpe, en satin crème broché et chenillé, à dessin composé de branches fleuries entremêlées d'une draperie avec cordelière à glands. Exécuté par Philippe de La Salle.

Haut., 1 m. 35 cent.; larg., 67 cent.

177 — Fragment de la tenture, dite à la perdrix, en satin bleu armuré et broché à guirlandes de fleurs et épis de blé. Exécuté par Philippe de La Salle.

Haut. et larg., 55 cent.

178 — Fragment de bordure en soie brochée, à grosses fleurs encadrées de petites rosaces juxtaposées. Exécuté par Philippe de La Salle.

Haut., 67 cent.; larg. 27 cent.

179 — Trois fragments de la tenture, dite à la branche de corail, en satin crème broché et chenillé, à bouquets de fleurs et branches de corail. Exécutés par Philippe de La Salle.

Haut. de l'un, 53 cent.

180 — Trois fragments de tenture de soie crème brochée, à bouquets de fleurs. Exécutés par Philippe de La Salle.

Haut. de l'un, 48 cent.

181 — Fragment de tenture en soie crème brochée, à dessin de branches enrubannées. Exécuté par Philippe de La Salle.

Haut., 83 cent.; larg., 53 cent.

182 — Pièce pour siège, exécutée par Philippe de La Salle, en soie bleu pâle, armurée et brochée, présentant un bouquet de fleurs enrubanné entouré d'une baguette également enrubannée.

Haut., 95 cent.; larg., 59 cent.

183 — Panneau exécuté par Philippe de La Salle, en satin bleu pâle broché, à bouquets de fleurs en couleurs, avec entourage de grosses fleurs en grisaille.

Haut.. 1 m. 30 cent.; larg., 60 cent.

184 — Siège, exécuté par Philippe de La Salle, en satin bleu pâle broché, présentant une corbeille de fleurs suspendue par une cordelière sur laquelle est posé un oiseau aux ailes déployées.

Haut., 54 cent.; larg., 53 cent.

185 — Échantillon en brocart, exécuté par Philippe de La Salle; dessin de plumes enrubannées sur fond crème. Cet échantillon a servi pour une robe de Catherine II.

Haut.. 90 cent.; larg., 51 cent.

186 — Échantillon de tenture, en trois parties, en satin crème brodé au point de chainette et présentant des cigognes, des cages et des trophées d'attributs au milieu de branches de fleurs et d'insectes. Par Philippe de La Salle.

Haut. de chacune des parties, 1 mètre ; larg., 70 cent.

187 — Échantillon de tenture en soie bleue armurée et brochée, à bouquets de fleurs au milieu de rubans ondulés. Par Philippe de La Salle.

Haut., 1 m. 55 cent.; larg., 65 cent.

188 — Deux panneaux pour coussins en soie crème brodée au passé, au point de chainette et chenillée, présentant chacun des animaux avec encadrements de guirlandes de roses et autres fleurs enrubannées. Par Philippe de LA SALLE.

Haut. et larg., 68 cent.

189 — Montant en soie crème brodée au point de chainette et présentant un arbuste chargé de fleurs roses et lilas. Par Philippe de LA SALLE.

Haut., 1 m. 42 cent.; larg., 26 cent.

190 — Fragment de bordure en soie crème brodée au point de chainette, présentant des branchages de lierre et des feuilles de vigne au milieu desquels voltigent des papillons. École de Philippe de LA SALLE. Époque Louis XVI.

Long., 1 m. 05 cent.

191 — Fragment de bordure en soie crème brochée à fleurs, entouré d'un treillage disposé en spirale. Ecole de Philippe de LA SALLE. Époque Louis XVI.

Haut., 1 mètre; larg., 21 cent.

192 — Bande en soie brochée, à grosses fleurs entourées d'un large ruban disposé en spirale. Fin du XVIIIᵉ siècle, travail italien, genre Philippe de LA SALLE.

Haut., 1 m. 75; larg., 31 cent.

193 — Fragment de satin crème broché, présentant un bouquet de fleurs et de fruits, suspendu à une cordelière. Genre Philippe de LA SALLE. Époque Louis XVI.

Haut., 60 cent.; larg., 25 cent.

194 — Panneau en lampas, à dessin de guirlandes
et bouquets de fleurs en gris et vert sur fond
rouge. D'après Philippe de LA SALLE. Époque
Louis XVI.

Haut., 1 m. 45 cent.; larg., 51 cent.

195 — Longue bande en satin marron brodé au
point de chaînette, présentant une grande branche fleurie. Exécutée par BONY, élève de Philippe
de LA SALLE.

Haut., 2 m. 20 cent.; larg., 31 cent.

196 — Dessus de siège en velours bleu clair, ciselé
à ramages jaunes lamés d'argent doré. Exécuté
par BONY. élève de Philippe de LA SALLE, pour le
palais de Versailles. Époque Empire.

Haut., 57 cent.; larg., 40 cent.

VELOURS GRÉGOIRE

ET

VELOURS SIMILAIRES

197 — Deux petits médaillons ronds en velours Grégoire, présentant l'un un portrait de fillette, l'autre un jeune garçon, en buste, d'après Greuze. Époque Louis XVI. Encadrés.

Diam., 12 cent.

198 — Deux petits tableaux en velours Grégoire, présentant des vases et des bouquets de fleurs. Époque Louis XVI.

Haut., 16 cent.; larg., 12 cent.

199 — Petit panneau en velours Grégoire : la Vierge à la chaise, d'après Raphaël.

Haut., 29 cent.; larg., 24 cent.

200 — Petit panneau en velours Grégoire, présentant l'Allégorie d'une Heure, d'après Raphaël.

Haut., 32 cent.; larg., 26 cent.

201 — Petit panneau en velours Garin, présentant un verre rempli de fleurs. Commencement du XIXᵉ siècle.

Haut., 11 cent.; larg., 8 cent.

202 — Petit carré en velours Garin, présentant un
bouquet de fleurs. Commencement du xixe siècle.

Haut., 14 cent.; larg., 12 cent.

203 — Petit fragment rectangulaire en velours Richard, présentant le portrait de Napoléon Ier de
profil, avec l'inscription : *Napoléon le Grand.*

Haut., 22 cent., larg., 15 cent.

204 — Petit carré en velours Richard, présentant
le portrait de Napoléon Ier, de profil. Époque
Empire.

Haut., 19 cent.; larg., 16 cent.

OBJETS DIVERS

205 — Escarcelle en velours ciselé, avec monture en fer. XVIe siècle.

Haut., 23 cent.

206 — Mitre en broderie et applications à fleurs sur fond crème, brodée d'argent. XVIe siècle.

Haut., 38 cent.

207 à 215 — Dix-huit aumônières en velours brodé, présentant des fleurons et les armoiries de Louis **XV**, de la Ville de Paris, etc. XVIIIe siècle. (Seront divisées.)

216 à 220 — Dix-sept bourses variées, de différentes époques. (Seront divisées.)

221 à 225 — Dix-neuf portefeuilles, dont un en pièces, de diverses époques. (Seront divisés.)

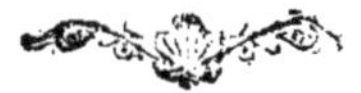